Deviens un lecteur

Inspirée de la série d'animation C
livres répartis en trois niveaux de
lecteurs qui amorcent l'apprentissage de la lecture. Chaque livre
met en valeur un vocabulaire usuel et une grammaire simple.
Des mots vedettes, en gras dans le texte, sont présentés dans un
dictionnaire illustré afin de développer le vocabulaire de l'enfant.

Niveau **1** Étoile naissante	**Pour prélecteur avec accompagnement**
	• 125 à 175 mots
	Phrases simples et courtes
	laire de base et répétitif
	en images : 6 mots

Niveau **2** Étoile montante	**Pour apprenti lecteur avec accompagnement**
	• 175 à 250 mots
	• Phrases plus longues
	• Vocabulaire usuel
	• Dictionnaire en images : 8 mots

Niveau **3** Étoile filante	**Pour lecteur en quête d'autonomie**
	• 250 à 350 mots
	• Phrases plus complexes
	• Vocabulaire riche et varié
	• Dictionnaire en images : 10 mots

Texte : adaptation par Rebecca Klevberg Moeller
Tous droits réservés.
Texte original : Marion Johnson, d'après le dessin animé CAILLOU
Illustrations : Eric Sévigny, d'après le dessin animé CAILLOU

Les Éditions Chouette remercient le Gouvernement du Canada et la Société de développement des entreprises culturelles du Québec (SODEC) de leur soutien financier.

Crédit d'impôt livres   Gestion SODEC

Catalogage avant publication de Bibliothèque et Archives nationales du Québec et Bibliothèque et Archives Canada

Moeller, Rebecca Klevberg
[Old shoes, new shoes. Français]
Caillou : petites chaussures, nouvelles chaussures
(Je lis avec Caillou)
Traduction de : Old shoes, new shoes.
Adaptation de : Les nouvelles chaussures.
Pour enfants de 3 ans et plus.

ISBN 978-2-89718-346-2

1. Caillou (Personnage fictif) - Ouvrages pour la jeunesse. 2. Croissance - Ouvrages pour la jeunesse. I. Sévigny, Éric. II. Johnson, Marion, 1949- . Nouvelles chaussures. III. Titre : IV. Titre : Old shoes, new shoes. Français. V. Titre : Petites chaussures, nouvelles chaussures.

QH511.M6314 2016   j571.8   C2016-940293-2

Imprimé en Chine
10 9 8 7 6 5 4 3 2 1   CHO1972 MAY2016

Petites chaussures, nouvelles chaussures

Texte : Rebecca Klevberg Moeller, spécialiste de l'enseignement des langues
Illustrations : Eric Sévigny, d'après le dessin animé

Caillou descend l'escalier.

« Ouille, mes **pieds** ! »,
dit Caillou.

« Oh, oh ! »,
dit maman.

« Ces **chaussures** sont **vieilles**.
Elles sont trop **petites** ! »

« Tu as besoin de **nouvelles chaussures**.

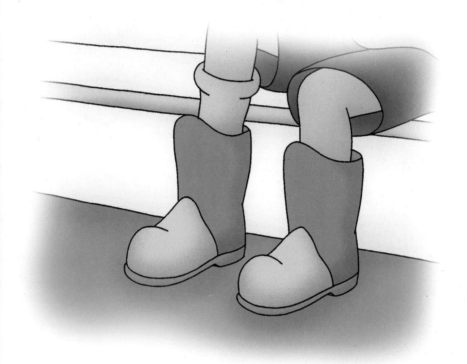

Tu peux porter ces **bottes**
en attendant », dit maman.

Caillou aime porter ses **bottes** les jours de pluie.

Il peut sauter dans les flaques.

Aujourd'hui, il fait soleil. Caillou veut courir et s'amuser.

Il ne peut pas courir vite avec des **bottes** !

Caillou voit Sarah.
« Où vas-tu, Caillou ? »

« Je vais au magasin de **chaussures**. Mes **chaussures** sont **vieilles**. »

« J'ai besoin de **nouvelles chaussures**. Je vais pouvoir courir vite ! »

« Hourra ! On fera la **course** », dit Sarah.

Caillou et sa mère sont au magasin. Ils regardent les **chaussures**.

Il y a de **petites chaussures**.
Il y a de **grandes chaussures**.

Il y a aussi des **chaussures**
de **course**. Elles ont l'air rapides.

Mais sont-elles assez **grandes** ?

Le vendeur mesure les **pieds** de Caillou.

« Tes **pieds** sont plus **grands** »,
dit le vendeur.

« Tu veux des **chaussures** rouges
ou jaunes ? », demande maman.

« Je veux des **chaussures** vertes ! »,
dit Caillou.

Maman aussi s'achète
de **nouvelles chaussures** !

Ils portent leurs **nouvelles chaussures** pour rentrer à la maison.

Caillou voit Sarah. Il veut faire la **course**.

« Tu es trop rapide », dit Sarah.

Caillou rit et la salue.

Il peut courir vite avec ses **nouvelles chaussures**. Caillou est heureux.

Dictionnaire en images

vieux/vieille

nouveau/nouvelle

petit/petite

grand/grande

chaussures

bottes

pieds

course